BEI GRIN MACHT SICH IHR WISSEN BEZAHLT

- Wir veröffentlichen Ihre Hausarbeit, Bachelor- und Masterarbeit

- Ihr eigenes eBook und Buch - weltweit in allen wichtigen Shops

- Verdienen Sie an jedem Verkauf

Jetzt bei www.GRIN.com hochladen und kostenlos publizieren

Bibliografische Information der Deutschen Nationalbibliothek:

Die Deutsche Bibliothek verzeichnet diese Publikation in der Deutschen Nationalbibliografie; detaillierte bibliografische Daten sind im Internet über http://dnb.d-nb.de/ abrufbar.

Dieses Werk sowie alle darin enthaltenen einzelnen Beiträge und Abbildungen sind urheberrechtlich geschützt. Jede Verwertung, die nicht ausdrücklich vom Urheberrechtsschutz zugelassen ist, bedarf der vorherigen Zustimmung des Verlages. Das gilt insbesondere für Vervielfältigungen, Bearbeitungen, Übersetzungen, Mikroverfilmungen, Auswertungen durch Datenbanken und für die Einspeicherung und Verarbeitung in elektronische Systeme. Alle Rechte, auch die des auszugsweisen Nachdrucks, der fotomechanischen Wiedergabe (einschließlich Mikrokopie) sowie der Auswertung durch Datenbanken oder ähnliche Einrichtungen, vorbehalten.

Impressum:

Copyright © 2008 GRIN Verlag, Open Publishing GmbH
Druck und Bindung: Books on Demand GmbH, Norderstedt Germany
ISBN: 9783668341531

Dieses Buch bei GRIN:

http://www.grin.com/de/e-book/344349/telefoninterviews-in-der-empirischen-sozialforschung-interviewdauer-in

Selina Thal

Telefoninterviews in der empirischen Sozialforschung. Interviewdauer in Abhängigkeit möglicher Determinanten

GRIN Verlag

GRIN - Your knowledge has value

Der GRIN Verlag publiziert seit 1998 wissenschaftliche Arbeiten von Studenten, Hochschullehrern und anderen Akademikern als eBook und gedrucktes Buch. Die Verlagswebsite www.grin.com ist die ideale Plattform zur Veröffentlichung von Hausarbeiten, Abschlussarbeiten, wissenschaftlichen Aufsätzen, Dissertationen und Fachbüchern.

Besuchen Sie uns im Internet:

http://www.grin.com/

http://www.facebook.com/grincom

http://www.twitter.com/grin_com

Humboldt-Universität zu Berlin

Philosophische Fakultät III

Institut für Sozialwissenschaften

Seminar: Empirische Sozialforschung I + II

Hausarbeit

Die Dauer des Telefoninterviews

1.1. Die Dauer des Telefoninterviews

Inhaltsverzeichnis

1.1. Die Dauer des Telefoninterviews 1
   1.1.1. Einleitung 1
   1.1.2. Theorie und Hypothesen 2
   1.1.3. Deskription der Interviewdauer in Abhängigkeit möglicher Determinanten 5
   1.1.4. Überprüfung der Hypothesen / Ergebnisse der multiplen Regression 9
   1.1.5. Fazit 11
   1.1.6. Literaturverzeichnis 12

Abbildungsverzeichnis

Abb. 1: Verteilung der Interviewdauer nach Anzahl der Interviews 6
Abb. 2: Durchschnittliche Interviewdauer nach Anzahl der vollständigen Interviews 6
Abb. 3: Durchschnittliche Interviewdauer bei Verständnisproblemen 7
Abb. 4: Durchschnittliche Interviewdauer bei Ausschweifungen 7
Abb. 5: Durchschnittliche Interviewdauer nach (Fach)Hochschulabschluss, Abitur, EOS 7
Abb. 6: Durchschnittliche Interviewdauer nach Altersgruppen 8
Abb. 7: Durchschnittliche Interviewdauer nach Geschlechterkonstellationen 8

Tabellenverzeichnis

Tab. 1: Vergleich des kürzesten und des längsten Interviews 3
Tab. 2: Ergebnisse der multiplen linearen Regression 9

1.1.1. Einleitung

Die vorliegende Arbeit hat es sich zur Aufgabe gemacht, im Sinne der Methodenforschung, die Interviewdauer der im Rahmen der Lehrveranstaltung „Empirische Sozialforschung I + II" durchgeführten Telefonumfrage zur sozialen Sicherheit näher zu untersuchen. Neben der rein deskriptiven Beschreibung, wie es in jedem Methodenbericht üblich ist, sind auch die Determinanten der Interviewdauer von Interesse.

Zwar liegen „Telefoninterviews mit einer Dauer von einer Stunde, bisweilen sogar 1½ Stunden, (...) durchaus im Bereich des Möglichen", jedoch können effizient durchgeführte Interviews zu einer erhöhten Datenqualität sowie zu einer größeren Fallzahl beitragen (Diekmann 2006: 431). Einerseits könnten aus den gefundenen Determinanten normative Vorschläge zur Verbesserung der Durchführung des Interviews erwachsen, andererseits handelt es sich bei der Suche nach Einflüssen auf die Interviewdauer um ein relativ unerforschtes Gebiet. Daher kann diese Arbeit ebenfalls als ein Versuch der Erweiterung der Methodenforschung angesehen werden.

Es ist zu konstatieren, dass es sich bei der etablierten computergestützten telefonischen Befragung um eine ganz besondere Art der Kommunikation handelt: So muss „der Interviewer nicht nur mit dem Befragten (…), sondern auch mit dem Computer" interagieren (Lukanow 2006: 72). In diesem Zusammenhang sollen speziell die Einflüsse des Befragten- und Interviewergeschlechts auf die Interviewdauer getestet werden. Allgemein lässt sich sagen, dass die Methodenforschung bisher fast ausschließlich die Effekte zwischen Befragten- und Interviewergeschlecht im Kontext von möglichen Antwortverzerrungen und der etwaigen Aufnahme des Interviews betrachtet hat (Schnell/Hill/ Esser 1995, zitiert nach Buchwald 2006: 58; Diekmann 2006: 382ff.; Koll 2006: 26f.). Eventuell hängt aber die Interviewdauer auch davon ab, um welche konkrete Geschlechterkonstellation es sich zwischen den Interviewpartnern handelt.

Im Folgenden gilt es zu zeigen, wie es sich sowohl damit als auch mit anderen möglichen Determinanten in der deutschlandweiten Telefonumfrage vom Sommersemester 2007 verhält. Der Zweck der Arbeit besteht jedoch keineswegs darin, eine Vollständigkeit der Determinanten der Interviewdauer abzubilden, vielmehr sollen erste Erkenntnisse bezüglich der Fragestellung gewonnen werden. Alle Berechnungen stützen sich dabei auf den Datensatz für methodische Analysen ESF07/08_used.

In einem ersten Schritt wird auf den theoretischen Hintergrund der möglichen Determinanten der Interviewdauer und der daraus abzuleitenden Hypothesen eingegangen. Da es wegen des innovativen Ansatzes nicht immer möglich war fundierte Theorien zu finden, werden diese gegebenenfalls durch schon gewonnene empirische Erkenntnisse ersetzt. In einem zweiten Schritt erfolgen zunächst die deskriptive Darstellung der Interviewdauer in Abhängigkeit ihrer möglichen Determinanten und danach die Überprüfung der Hypothesen durch die multiple Regression. Abschließend wird zu den Ergebnissen Stellung genommen, nach Erklärungsansätzen gesucht und einige mögliche Vorschläge unterbreitet.

1.1.2. Theorie und Hypothesen

Um einen ersten Eindruck davon zu gewinnen, welche Faktoren für den theoretischen Hintergrund relevant sein könnten, werden die beiden Extremfälle der Interviewdauer zu Rate gezogen.

Tab. 1: Vergleich des kürzesten und längsten Interviews

Variablen	Variablenausprägung-*längstes Interview*	Variablenausprägung-*kürzestes Interview*
Befragtengeschlecht	männlich	weiblich
höchster allg. Schulabschluss	Hochschulreife, Abitur, EOS	Hochschulreife, Abitur, EOS
Alter	60	37
Interviewergeschlecht	männlich	weiblich
Interviewanzahl	4	3
Ausschweifungen	ja, nahezu durchgängig	nein
Verständnisprobleme	ja	nein
Dauer in Minuten	36:12	13:06

Beim Vergleich der Fälle ist vor allem der Altersunterschied von 23 Jahren der beiden Befragten auffällig. Zusätzlich gab der Interviewer des längsten Interviews an, die befragte Person wäre nahezu durchgängig ausgeschweift. Im Gegensatz dazu wurden beim kürzesten Interview keine Ausschweifungen notiert. Das längste Interview führte ein männlicher Interviewer mit einem männlichen Befragten, wohingegen im Falle des kürzesten Interviews zwei Frauen miteinander kommunizierten.

(1) Anzahl der vollständigen Interviews

Zwar konnte der Einfluss der Interviewererfahrung bisher nur schwer analytisch nachgewiesen werden, jedoch konnte eine „Untersuchung von Bailar (…) einen Zusammenhang zwischen der Interviewererfahrung und der Angabe zum Einkommen feststellen. Dort zeigte sich, dass die Interviewer ohne viel Erfahrung Angst davor hatten, die Frage nach dem Einkommen könne den Interviewablauf gefährden" (Bailar/Bailey/ Stevens 1977, zitiert nach Buchwald 2006: 75). Mehr Erfahrung erhöht demnach die Selbstsicherheit des Interviewers, was wiederum zu einem „reibungsloseren" Interviewablauf führen kann. Daraus leitet sich die Hypothese ab: *Je mehr vollständige Interviews ein(e) Interviewer(in) absolviert hat, desto kürzer ist die Interviewdauer.*

(2) Verständnisprobleme

Die logische Schlussfolgerung, dass mit einem erhöhten Grad an Verständnisproblemen auch die Interviewdauer steigt, erscheint wohl jedem plausibel. So geht mit möglichen Verständnisproblemen auch ein erhöhter Redeaufwand seitens des Interviewers zum Ausräumen der Probleme einher. Zudem werden Fragen in diesem Kontext häufig wiederholt und die vorhandenen Probleme gegebenenfalls durch den Befragten erklärt. Das bestätigt auch ein Forschungsbericht aus dem Zentrum für Sozialforschung Halle: „[es können] in der Wahrnehmung der Interviewpartner unsinnige oder unverständliche Fragen (…) einen höheren Aufwand bei der Antwortgabe bewirken und (…) eine verlängernde Wirkung auf das Interview ausüben."

(Buchwald 2006: 37). Dementsprechend lautet die Hypothese: *Treten Verständnisprobleme während der Befragung auf, so verlängert sich die Dauer des Interviews.*

(3)   Ausschweifungen

Ausschweifungen liegen immer dann vor, wenn der Befragte die streng formale Kommunikationsstruktur in einem Telefoninterview durchbricht und zum Beispiel über die geforderte Antwort hinaus Informationen an den Interviewer weitergibt. Genau wie bei Verständnisproblemen, handelt es sich demnach bei Ausschweifungen und ihre anzunehmende Wirkung auf die Interviewdauer um einen logisch nachvollziehbaren Sachverhalt: *Wenn der Befragte ausschweift, dann dauert das Interview länger.*

(4)   Schulabschluss des Befragten

Hinsichtlich der Interviewereffekte existiert die Theorie der sozialen Distanz zwischen Interviewer und Befragtem. Die Hypothese, die sich aus der Theorie ableiten lässt, besagt: „the greater the differences in social group identification between respondent and interviewer, the greater the likelihood of bias" (Landis/Sullivan/ Sheley 1973, zitiert nach Johnson/ Moore 1993: 1). Die soziale Distanz lässt sich neben der subjektiven Schichteinstufung unter anderem durch den Bildungsunterschied zwischen Interviewern und Befragten messen. Da es sich bei den InterviewerInnen bezüglich ihres Bildungsabschlusses um eine relativ homogene Gruppe handelt (Studenten mit einer allgemeinen Hochschulreife), wird ausschließlich der Schulabschluss der Befragten betrachtet. Weiterhin impliziert die Theorie der sozialen Distanz, dass die Kommunikation zwischen Interviewer und Befragten weniger gehemmt sei, wenn sich beide Interaktionspartner bezüglich ihres sozialen Status annähernd gleich fühlten (Freeman/ Butler 1976, zitiert nach Johnson/ Moore 1993: 2). Es wird daher angenommen, dass eine gehemmte Kommunikation, bei großer sozialer Distanz beziehungsweise großem Bildungsunterschied zwischen Interviewer und Befragten, zu einer verlängerten Interviewdauer führt. Daraus resultiert die Hypothese: *Bei Personen mit niedrigeren Bildungsabschlüssen dauert das Interview länger als mit Befragten mit höheren Bildungsabschlüssen.*

(5)   Das Alter des Befragten

"Communication is generally less inhibited between interviewers and respondents who perceive themselves to be alike" (Freeman/ Butler 1976, zitiert nach Johnson/ Moore 1993: 2). Das Gleichheitsgefühl wurde in diesem Zusammenhang zwar nicht eindeutig definiert, aber es kann angenommen werden, dass dieses auch mit gleichem Alter produziert werden könnte. Das bedeutet, dass Gleichaltrige möglicherweise besser miteinander kommunizieren könnten als Interviewpartner mit einem großen Altersunterschied. Erneut handelt es sich bei den InterviewerInnen bezüglich ihres Alters um eine relativ homogene Gruppe (Studenten im Alter von ca. 20-25 Jahren), die es erlaubt, sich auf die Variation des Befragtenalters zu beschränken. Außerdem können durch altersbedingte Krankheiten das Verständnis und das Erinnerungsvermögen stark eingeschränkt sein, was wiederum auch einen möglichen Einfluss auf die Länge des Interviews darstellt. Es wird folglich von dieser Hypothese ausgegangen: *Je älter der Befragte, desto länger dauert das Interview.*

(6)   Geschlechterkonstellationen zwischen Interviewern und Befragten

„Im Vergleich zu Männern kommunizieren und improvisieren Frauen besser, sie verfügen über eine höhere Sozialkompetenz und reagieren flexibler auf Veränderungen." (Sandberg 2006: 1). Möglicherweise beeinflussen solche Vorteile, die weiblicher Kommunikation zugeschrieben werden, die Länge des Interviews. Die Hypothese wird zudem unterstützt durch die Ergebnisse von Nealon (1983), der feststellte, dass männliche Interviewer länger für die Interviews brauchten als ihre Kolleginnen (Nealon 1983, zitiert nach Buchwald 2006: 75). Auch Benney et al. konstatieren, dass „men and women in each other´s presence talk more conventionally, act more formally, than groups of one sex" und dass diese Verhaltensmuster Einfluss auf Umfang und Inhalt des Interviews haben (Benney et al. 2003: 35). Deshalb wird angenommen, *dass die weiblichen Interviewer mit weiblichen Befragten eine kürzere Interviewdauer aufweisen als männliche Interviewer mit männlichen Befragten.*

1.1.3. Deskription der Interviewdauer in Abhängigkeit möglicher Determinanten

Bei der Umfrage zur sozialen Sicherheit betrug die durchschnittliche Interviewdauer für ein vollständig geführtes Interview 22:30 Minuten. Nicht in die Berechnung mit einbezogen wurden fünf von den 324 Fällen, bei denen die unrealistische Interviewdauer von unter 13 Minuten auftrat. Des Weiteren wurden ab der 37. Minute fünf weitere Fälle ausgeschlossen, da es sich bei diesen um Ausreißer handelt. Anhand der Grafik (Abb.1) wird deutlich, dass sich die Interviewdauer in Abhängigkeit mit der Anzahl der durchgeführten Interviews leicht linksschief verteilt, was einerseits auf die zehn Ausfälle und andererseits auf die a priori determinierte Mindestdauer eines vollständigen Interviews zurückzuführen ist. Zudem ist die Wahrscheinlichkeit unter der durchschnittlichen Interviewdauer zu liegen höher gewesen als über ihr zu liegen, was auf die ausgeprägte Filterführung des Fragebogens zurückgeführt werden könnte. Im Bereich von 20 - 23 Minuten wurden mit einer Anzahl von 77 der insgesamt 314 Befragungen die meisten vollständigen Interviews geführt.

Abb. 1: Verteilung der Interviewdauer nach Anzahl der Interviews (in Minuten)

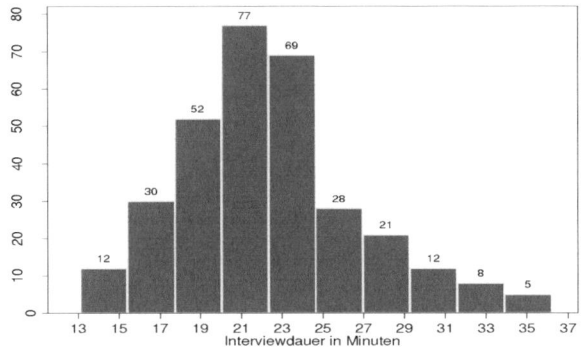

Allgemein ist in Abb.2 zu erkennen, dass die durchschnittliche Interviewdauer mit der Anzahl an vollständig geführten Interviews tendenziell abnimmt. So brauchten InterviewerInnen, die nur ein vollständiges Interview durchgeführt haben, 9:24 Minuten länger als diejenigen mit zehn vollständigen Interviews.

Abb. 2: Durchschnittliche Interviewdauer nach Anzahl der vollständigen Interviews (in Minuten)

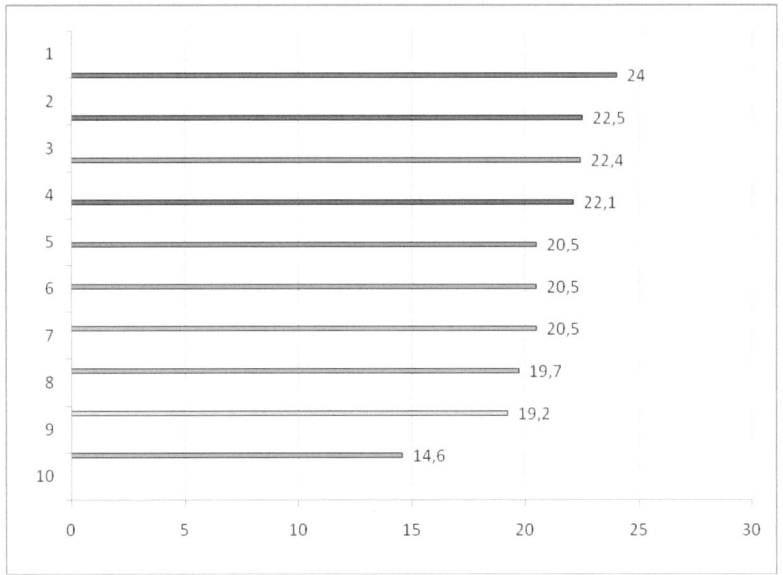

Abb. 3: Durchschnittliche Interviewdauer bei Verständnisproblemen (in Minuten)

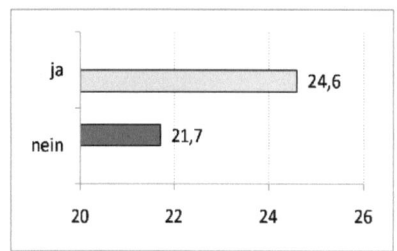

Interviews, in denen Verständnisprobleme zu verzeichnen waren, dauerten im Durchschnitt 2:54 Minuten länger als Interviews ohne Verständnisprobleme.

Abb. 4: Durchschnittliche Interviewdauer bei Ausschweifungen (in Minuten)

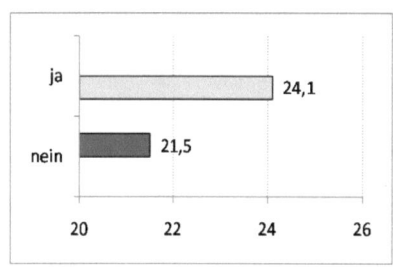

Die Interviewdauer beträgt 2:36 Minuten mehr, wenn der Interviewer angab, dass der Befragte ausgeschweift ist.

Abb. 5: Durchschnittliche Interviewdauer nach (Fach)Hochschulabschluss, Abitur, EOS (in Minuten)

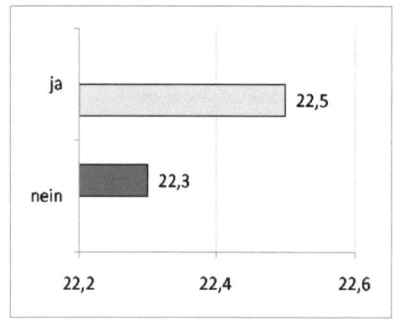

Wenn befragte einen Hochschul-, Fachhochschulabschluss, Abitur oder einen Abschluss an der EOS hatten, war die Interviewdauer im Durchschnitt um 12 Sekunden länger als bei Befragten mit Haupt-, Realschulabschluss, einen Abschluss an der Polytechnischen Oberschule oder keinem Abschluss.

Betrachtet man die bestimmten Altersgruppen in Abhängigkeit von der Interviewdauer, so ist zu konstatieren, dass die Interviewdauer zwar nicht linear[1], jedoch tendenziell mit dem Alter des Befragten ansteigt. Im Durchschnitt benötigten die Befragten der 51- 60Jährigen 1:30 Minuten, die ab 61Jährigen sogar 1:42 Minuten länger ein vollständiges Interview zu führen, als die Gruppe der 18- 30-Jährigen.

Abb. 6: Durchschnittliche Interviewdauer nach Altersgruppen (in Minuten)

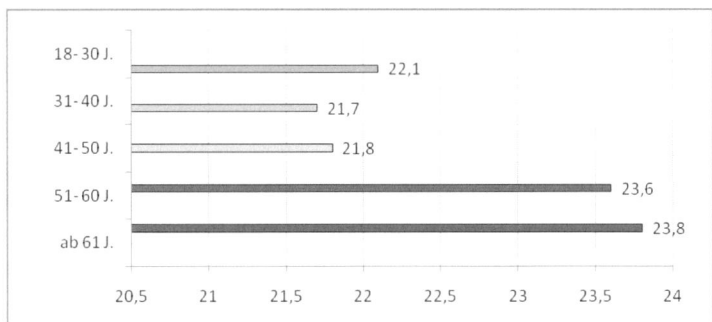

Zwischen gleichgeschlechtlichen Interviewpartnern (M/M, F/F) unterscheidet sich die durchschnittliche Interviewdauer in einem höheren Maße als bei Interviews differenter Geschlechter (M/F, F/M). Während die durchschnittliche Interviewdauerdifferenz bei Gleichgeschlechtlichen 2:00 Minuten betrug, lag sie im ungleichgeschlechtlichen Fall lediglich bei 42 Sekunden. Waren beide Interviewpartner männlich, so dauerte das Interview im Durchschnitt am längsten (24:00). Stattdessen haben zwei weibliche Interviewpartner am wenigsten Zeit benötigt (22:00).

Abb. 7: Durchschnittliche Interviewdauer nach Geschlechterkonstellationen (in Minuten)

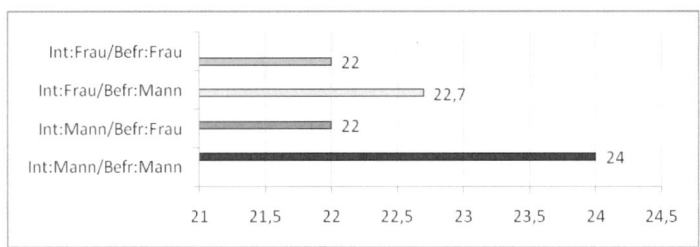

---

[1] siehe dazu Tab.2 mit dem logarithmierten Befragtenalter.

Inwiefern die rein deskriptiv festgestellten Unterschiede nicht nur zufällig in der Stichprobe auf diese spezifische Art und Weise zustande gekommen sind, wird anhand der Ergebnisse der multiplen Regression im nächsten Schritt herausgearbeitet. Die Regression erlaubt es, Generalisierungen der Schätzungen auf die Gesamtpopulation (deutschsprachige Bevölkerung der BRD ab 18 Jahren) sowie eine Prüfung der aufgestellten Hypothesen vorzunehmen.

1.1.4. Überprüfung der Hypothesen / Ergebnisse der multiplen Regression

Das Regressionsmodell erklärt 22 Prozent der Varianz der Interviewdauer. Bei einer Fallzahl von 292 Beobachtungen sind weitere 22 Fälle verloren gegangen. Zwölf Ausfälle ereigneten sich aufgrund von Verweigerungen bzw. der „Weiß nicht"- Kategorie beim Befragtenalter bzw. beim Schulabschluss des Befragten und weitere zehn durch unbekannte Interviewergeschlechter. Die multivariate Analyse hat ergeben, dass folgende Variablen einen signifikanten Einfluss auf die Interviewdauer haben: der Schulabschluss des Befragten, die Geschlechterkonstellation Frau-Frau, die Anzahl der vollständigen Interviews eines Interviewers, Ausschweifungen und Verständnisprobleme.

Tab. 2: Ergebnisse der multiplen linearen Regression zur Interviewdauer

	Interviewdauer in Minuten
Interviewanzahl	**-0.539**
	(4.17)**
Verständnisprobleme	**-2.554**
(1=nein)	**(4.74)****
Ausschweifungen der Befragten	**-1.741**
(1=nein)	**(3.38)****
Schulabschluss der Befragten	**1.049**
(1=(Fach) Hochschulreife, Abitur, EOS)	**(2.21)***
Logarithmiertes Befragtenalter	1.095
	(1.67)
Interviewer Mann/Befragte Mann	
(Referenzkategorie)	
Interviewer Mann/Befragte Frau	1.642
	(1.90)
Interviewer Frau/Befragte Mann	-1.327
	(1.63)
Interviewer Frau/Befragte Frau	**-1.833**
	(2.29)*
Constant	23.799
	(8.79)**
Fallzahl	292
R^2	0.22

* = signifikant bei 5%; ** = signifikant bei 1%

Wie in der Hypothese angenommen, beeinflusst die Anzahl der vollständig durchgeführten Befragungen (seitens des/ der Interviewers/ Interviewerin) die Interviewdauer. Mit jedem zusätzlich durchgeführten vollständigen Interview sinkt die Interviewdauer um etwa 32 Sekunden. Diesen Effekt kann – wie zuvor im theoretischen Hintergrund ausführlich erläutert – auf den Erfahrungszuwachs und die Professionalisierungsprozesse des Interviewers zurückgeführt werden, die mit der steigenden Interviewanzahl einhergehen.

Traten keine Verständnisprobleme während des Interviews auf, so verkürzte sich die Interviewdauer im Gegensatz zu den Befragungen mit Verständnisproblemen um rund 2:33 Minuten. Somit kann die zuvor aufgestellte Hypothese angenommen werden.

Ebenfalls kann die Hypothese bezüglich der Ausschweifungen angenommen werden. Dabei waren Interviews, bei denen Befragte nicht ausgeschweift sind, um ca. 1:45 Minuten kürzer als Interviews, bei denen es zu Ausschweifungen kam.

Abzulehnen ist jedoch die Hypothese zum Schulabschluss, denn ein Interview war um 1:03 Minuten länger, wenn der Befragte einen (Fach-)Hochschulabschluss, ein Abitur oder einen Abschluss an der EOS hatte. Das würde bedeuten: *Bei Personen mit höheren Bildungsabschlüssen dauert das Interview länger als mit Befragten mit niedrigeren Bildungsabschlüssen.* Möglicherweise kann die Theorie der sozialen Distanz, die behauptet, dass Interviewpartner mit ähnlichem sozialem Status ungehemmter miteinander kommunizieren, auch anders ausgelegt werden. Vielleicht fällt ein Interview somit nicht verkürzt, sondern wegen der ungehemmteren und weniger unpersönlichen Atmosphäre länger aus. Eine solche Atmosphäre könnte gerade die Redebereitschaft, die außerhalb der formalisierten Kommunikationsstruktur eines Telefoninterviews liegt, fördern.

Das Befragtenalter weist hingegen keinen signifikanten Einfluss auf die Interviewdauer auf. Eventuell wurde das im Theorieteil konstatierte Gleichheitsgefühl nicht eindeutig genug von den Autoren definiert und ließ daher Raum für Spekulationen, die vielleicht gar nicht auf das Alter zutreffen. Das Gefühl der Gleichheit in Bezug auf das Alter ist weiterhin in einem standardisierten Telefoninterview nicht in dem Maße herstellbar, wie es bei einem persönlichen möglich ist, da das Alter im ersteren Fall nur noch durch die Stimme transportiert wird und Altersdifferenzen dadurch auch überdeckt werden bzw. nicht wahrgenommen werden könnten.

Die Hypothese zur Geschlechterkonstellation wird bestätigt, da das Interview bei zwei weiblichen Gesprächspartnern um circa 1:50 Minuten kürzer war als das zweier Männer. Wie schon im theoretischen Hintergrund angedeutet, lag die Vermutung nahe, dass Frauen untereinander „more affective but less effective" miteinander kommunizieren und daher die persönliche Distanz bei CATI leichter überwunden werden kann (Benney et al. 2003: 35). Gegenseitige Sympathie und weniger Hemmungen könnten sich in diesem Kontext verkürzend auf die durchschnittliche Interviewdauer auswirken und es effizienter gestalten (vgl. Knoll 2006: 38).

1.1.5. Fazit

Auf der Suche nach Determinanten der Interviewdauer der Umfrage zur sozialen Sicherheit vom Sommersemester 2007 ist die vorliegende Arbeit auf einige interessante Ergebnisse gestoßen. So zeigte sich, dass neben der im Methodenbericht zur ESF-Studie 2007 behandelten Fragebogenstruktur (Filterführung, Anschluss- und Nachfragen usw.) als einem möglichen Einflussfaktor auch andere Faktoren auf die Interviewdauer einwirken (Fedkenheuer 2007: 13).

Einen stark verlängernden Einfluss übten Verständnisprobleme und Ausschweifungen aus. Des Weiteren verlängerte sich das Interview, wenn sowohl der Interviewer als auch der Befragte männlich waren. Ebenfalls bewirkte eine geringe Anzahl vollständig durchgeführter Interviews eine verlängernde Interviewdauer. Der große Einfluss von Ausschweifungen und Verständnisproblemen kann durch gut geschulte Interviewer reduziert werden. Im Zusammenhang mit der Studie kann es möglich sein, dass die Interviewerschulung unzureichend auf die in der Praxis auftretenden Probleme mit Befragten eingegangen ist. Zu relativieren ist diese Annahme durch den Fakt, dass die Mehrzahl der Interviewer durch die zwei obligatorisch zu absolvierenden Schichten nur eine begrenzte Anzahl an vollständigen Interviews durchgeführt haben, so haben fast die Hälfte aller InterviewerInnen nur 1-2 vollständige Interviews geführt. In diesem Kontext ist davon auszugehen, dass sich kaum eine Professionalisierung der InterviewerInnen, beispielsweise im Hinblick auf rhetorische Fertigkeiten oder ein adäquates Reaktionsverhalten beim Durchbrechen der streng formalisierten Kommunikationsstruktur seitens der Befragten, herausbilden konnte.

Der Vorteil des computerunterstützten Telefoninterviews liegt vor allem in der Minimierung der Interviewer- und Befragteneffekte durch äußere Merkmale desselbigen. Die Tatsache, dass in einem telefonischen Interview jene Effekte vor allem auf die Geschlechter und Bildung der Gesprächspartner verlagert werden, bedarf besonderer Beachtung. Zwar gibt es mehrere Forschungs- und die Theorieansätze zu den Einflüssen der Interviewer- und Befragtenmerkmale bei telefonischen Interviews, diese beziehen sich jedoch zumeist auf die möglichen Antwortverzerrungen. Bei der verkürzten Interviewdauer hingegen als einem zentralen Vorteil gegenüber dem face-to-face Interview besteht Nachholbedarf. Die in der Arbeit aufgezeigten Zusammenhänge werfen Fragen nach den Ursachen auf, die theoretisch bis Dato nicht einheitlich – wenn überhaupt – beantwortet werden können. Wie soll mit den Ergebnissen umgegangen werden? Muss man, um eine Befragung effizienter zu gestalten, von nun an immer mehr weibliche Interviewer als männliche engagieren? Wie gezeigt, hat der Bildungsabschluss Einfluss auf die Interviewdauer. Müssen deshalb die InterviewerInnen besonders auf Neutralität gegenüber ihnen bildungsferneren Schichten hin geschult werden? Oder sollte man bei einer Umfrage darauf Wert legen, eine möglichst große Variation an Bildungsabschlüssen der InterviewerInnen zu gewährleisten?

Die Antwort auf all diese offenen Fragen können im Rahmen der Arbeit nicht geliefert werden, vielmehr soll damit auf noch zu erforschende Themengebiete hingewiesen werden.

1.1.6 Literaturverzeichnis

Bailey, Kenneth D. (1994): Methods of Social Research, New York.

Benney, Mark/ **Riesman,** David/ **Star,** Shirley A. (2003): Age and Sex in the Interview. In: Nigel Fielding (Hg.): Interviewing Volume IV, London/California/Delhi.

Buchwald, Christina (Hg.) (2006): Das Telefoninterview- Instrument der Zukunft? Forschungsberichte aus dem zsh (Zentrum für Sozialforschung an der Martin-Luther-Universität Halle) 06-3. In: http://www.zsh-online.de/pdf/06_3FB.pdf (Zugriff: 12.12.2007).

Diekmann, Andreas (2004): Empirische Sozialforschung, Hamburg, 12. Auflage.

Fedkenheuer, Moritz (2007): Methodenbericht zur ESF-Studie 2007. Eine Umfrage im Rahmen der Lehrveranstaltung 'Empirische Sozialforschung I + II'. In: http://lms.hu-berlin.de/moodle/file.php/5172/ESF_Methodenbericht_07.pdf (Zugriff: 18.12.2007).

Johnson, Timothy P./ **Moore,** Robert W. (1993): Gender interactions between interviewer and survey respondents: issues of pornography and community standards. Sex Roles: A Journal of Research. In: http://findarticles.com/p/articles/mi_m2294/is_n5-6_v28/ai _14154680 /pg_1 (Zugriff: 18.12.2007).

Nealon, Jack (1983): The Effects of Male vs. Female Telephone Interviewers. In: http://www.nass.usda.gov/research/reports/Internet_Survey/The%20Effects%20of%20Male%20vs.%20Female%20Telephone%20Interviewers.pdf (Zugriff: 18.12.2007).

Sandberg, Inger-Marie (2006): Die Erhöhung der betrieblichen Frauenquote am Beispiel der Clariant Gruppe Deutschland. In: http://www.gffz.de/data/downloads/107176/ hf _diplomarbeit _sandberg.pdf?PHPSESSID=d0609bd51a1786c6eb9fb4248648fb7b (Zugriff: 17.12.2007)

BEI GRIN MACHT SICH IHR WISSEN BEZAHLT

- Wir veröffentlichen Ihre Hausarbeit, Bachelor- und Masterarbeit

- Ihr eigenes eBook und Buch - weltweit in allen wichtigen Shops

- Verdienen Sie an jedem Verkauf

Jetzt bei www.GRIN.com hochladen und kostenlos publizieren